cero   cero   cero

c   c   c

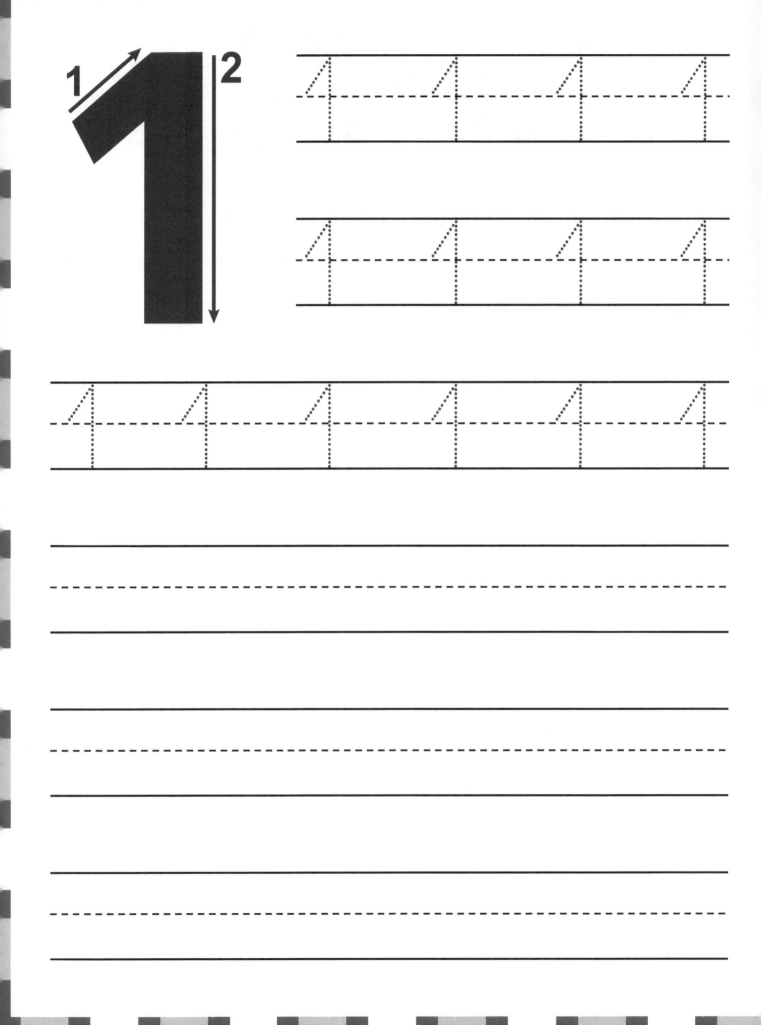

uno   uno   uno

u   u   u

2

1 2

2 2 2 2

2 2 2 2

2 2 2 2 2 2

dos

dos   dos   dos

d   d   d

tres

tres tres tres

t   t   t

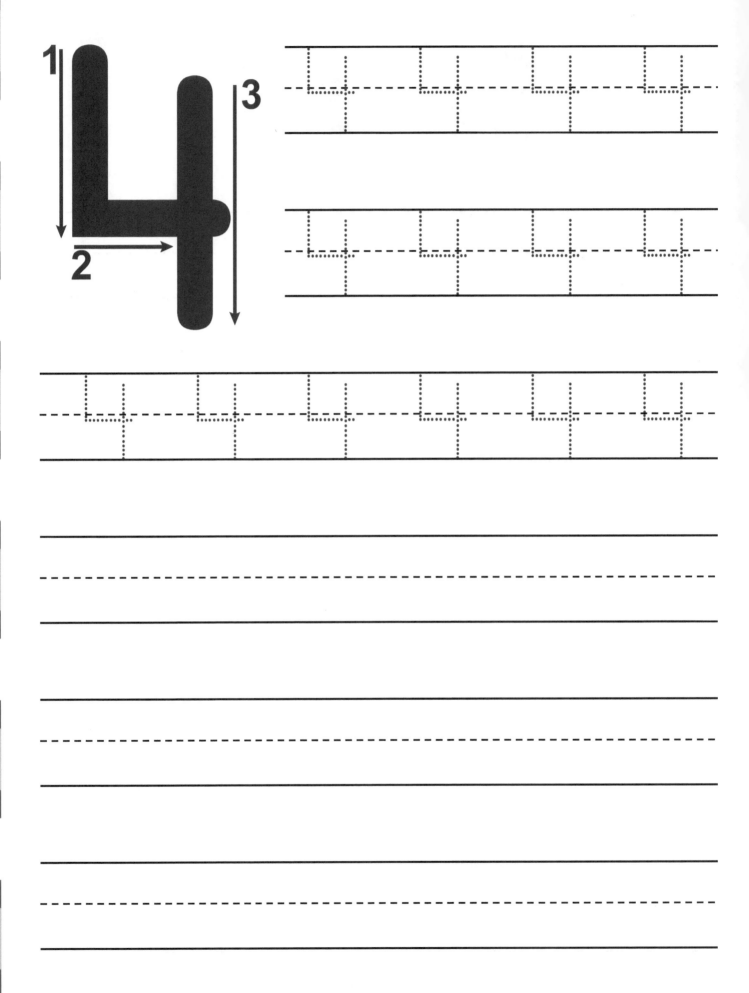

cuatro

cuatro   cuatro

c   c

5

1
2
3

5 5 5 5

5 5 5 5

5 5 5 5 5 5

cinco   cinco

c   c

6[1]

6 6 6 6

6 6 6 6

6 6 6 6 6 6

seis

seis   seis   seis

s   s   s

1 **7** **2**

siete

siete siete siete

s   s   s

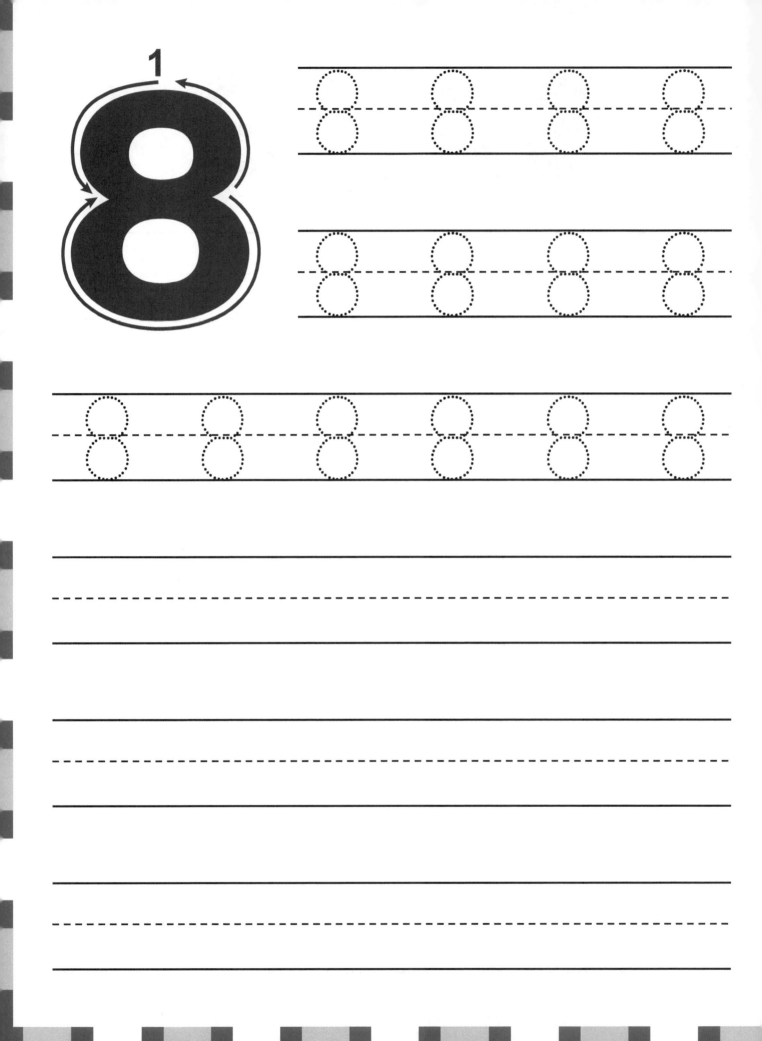

ocho ocho ocho

o o o

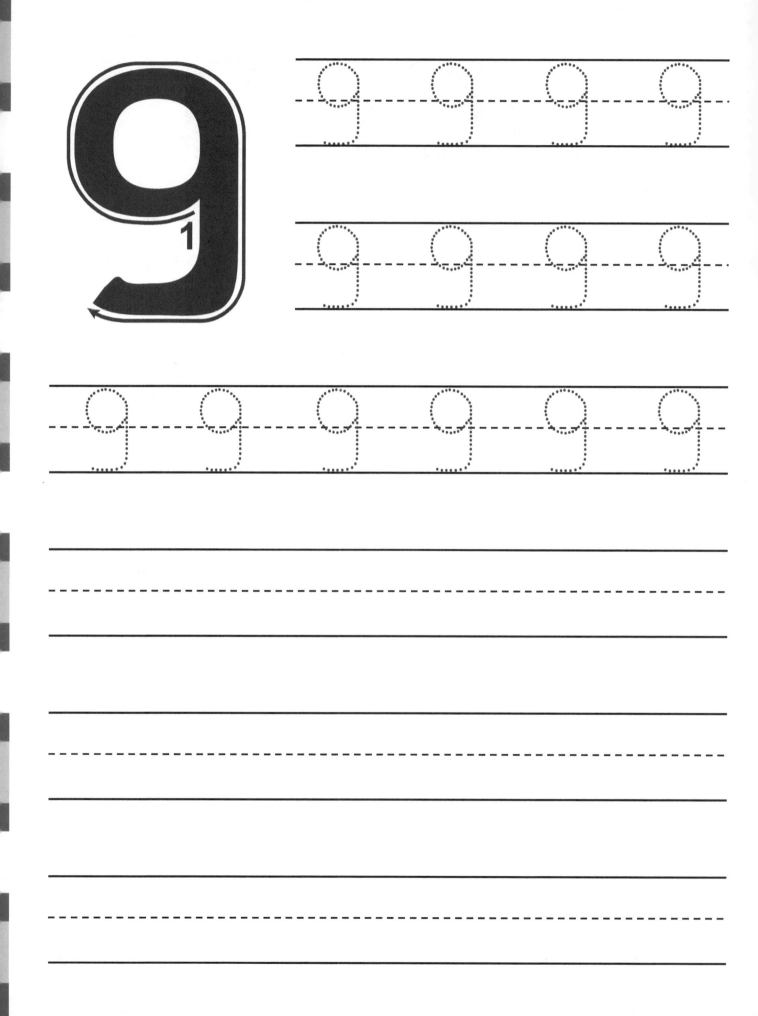

nueve

nueve   nueve

n   n

diez   diez   diez

d   d   d

COMPLETE A SEQUÊNCIA

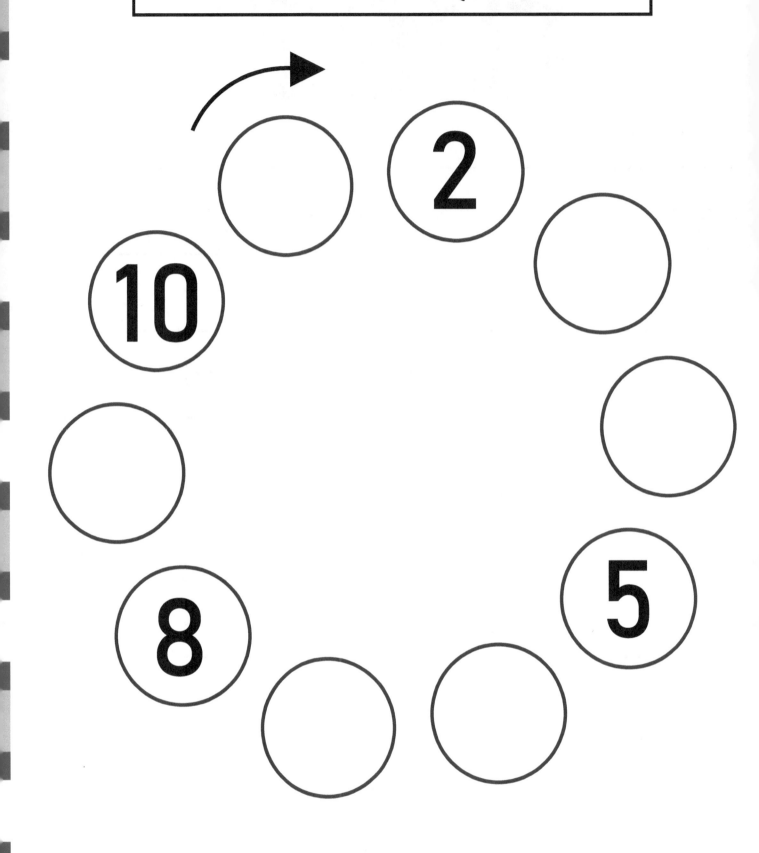

CUENTA DE 2 EN 2

Cuenta y empareja

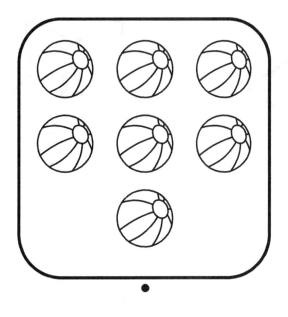

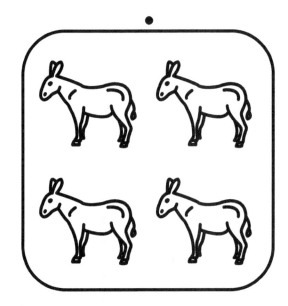

Cuenta y empareja

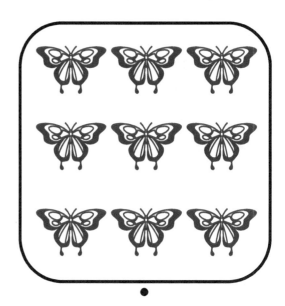

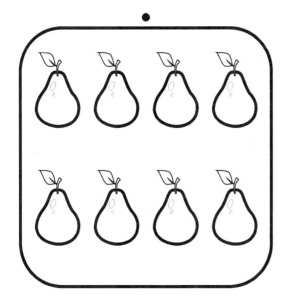

Cuenta los objetos

Cuenta los objetos

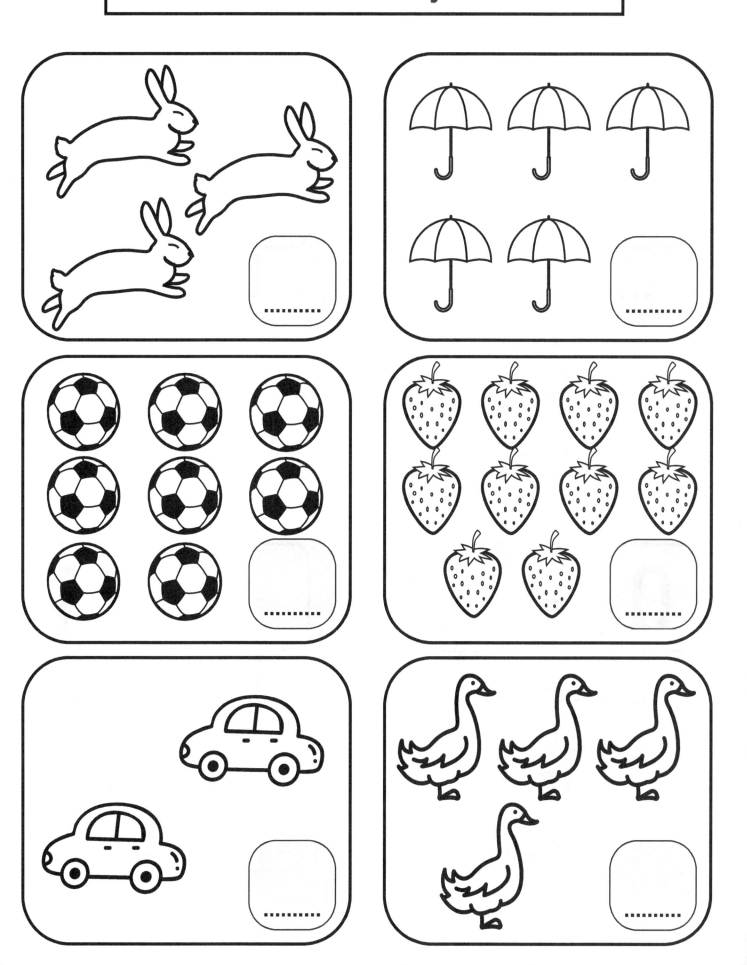

Adición (5)

$$\boxed{} + \boxed{4}$$
$$=$$
$$\boxed{5}$$

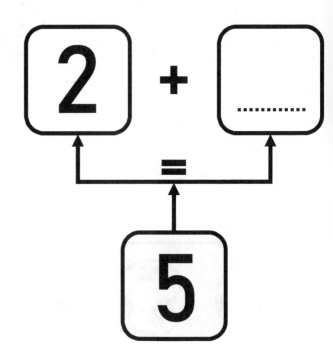

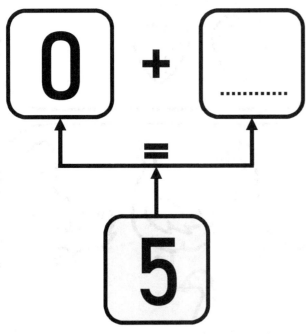

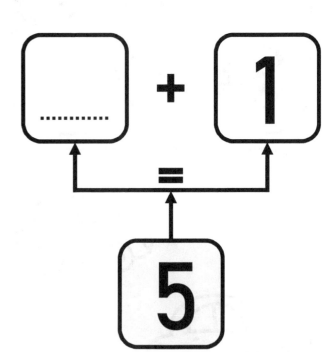

Adición (10)

[...........] + [5] = [10]

[2] + [...........] = [10]

[0] + [...........] = [10]

[...........] + [7] = [10]

Adición 0 - 10

5 + 3 = ...

2 + 4 = ...

4 + 6 = ...

Adición 0 - 10

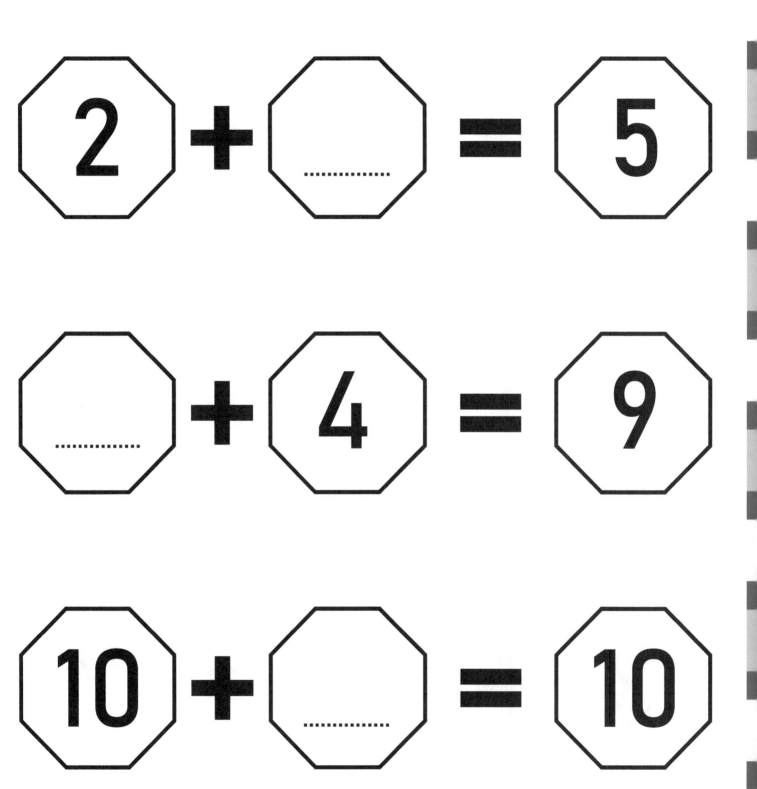

$2 + \underline{\hspace{2cm}} = 5$

$\underline{\hspace{2cm}} + 4 = 9$

$10 + \underline{\hspace{2cm}} = 10$

Adición 0 - 10

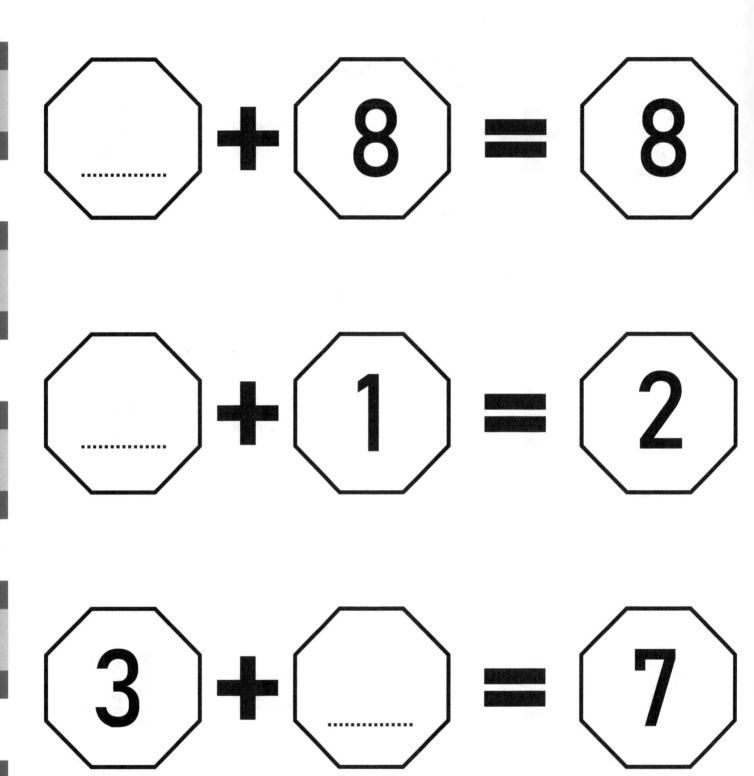

.... + 8 = 8

.... + 1 = 2

3 + ... = 7

Adición 0 - 10

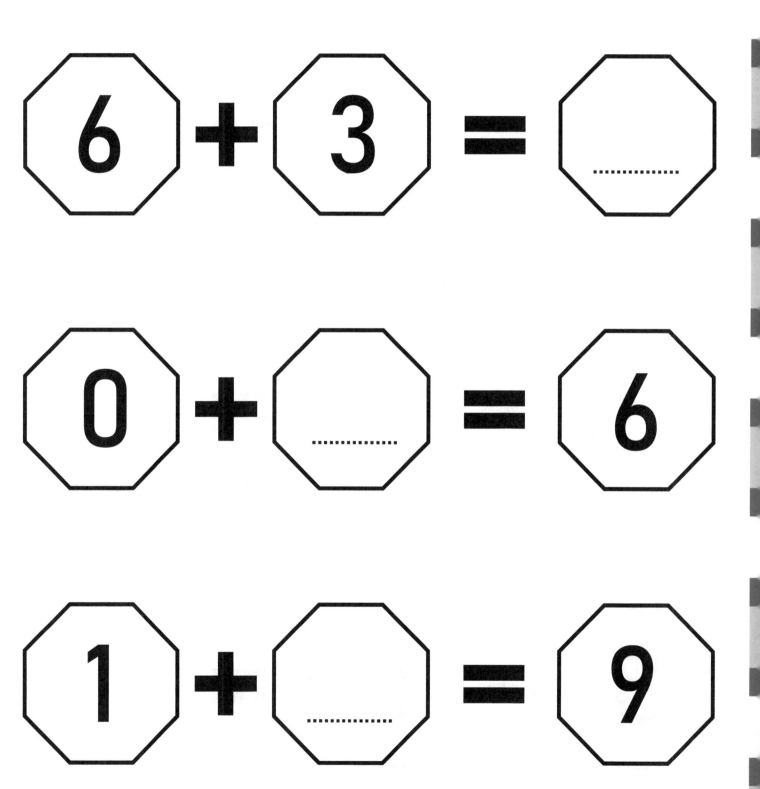

$$6 + 3 = \dots$$

$$0 + \dots = 6$$

$$1 + \dots = 9$$

Sustracción 0 - 10

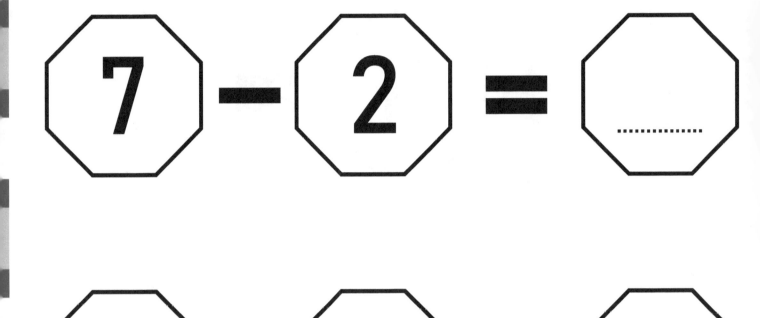

7 − 2 = ...

3 − 1 = ...

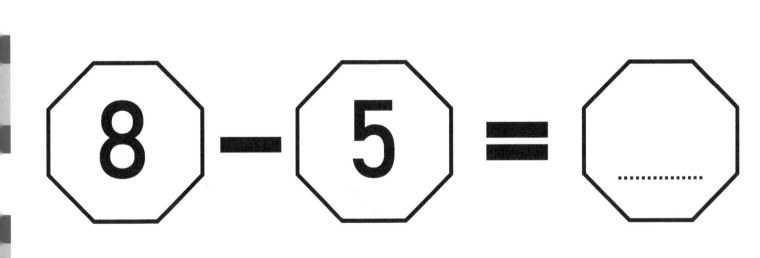

8 − 5 = ...

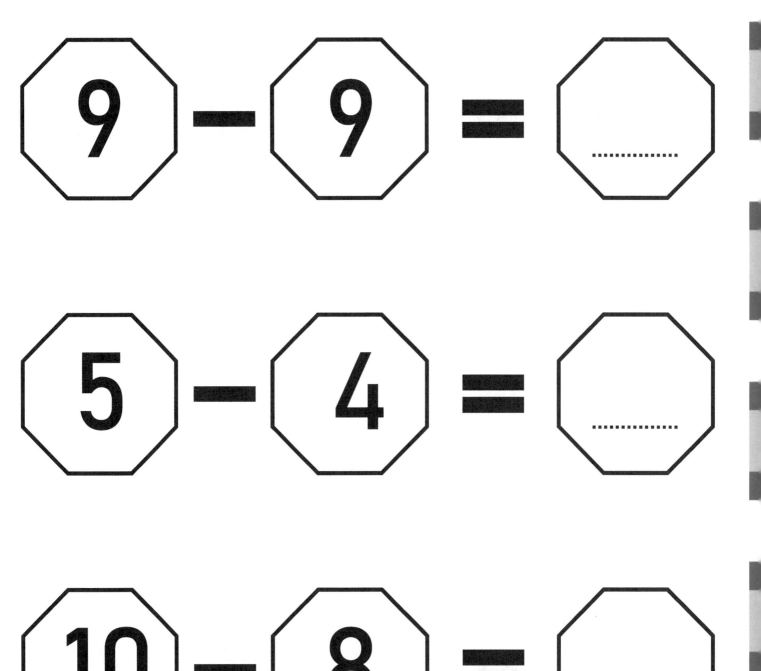

9 - 9 = ...

5 - 4 = ...

10 - 8 = ...

Sustracción 0 - 10

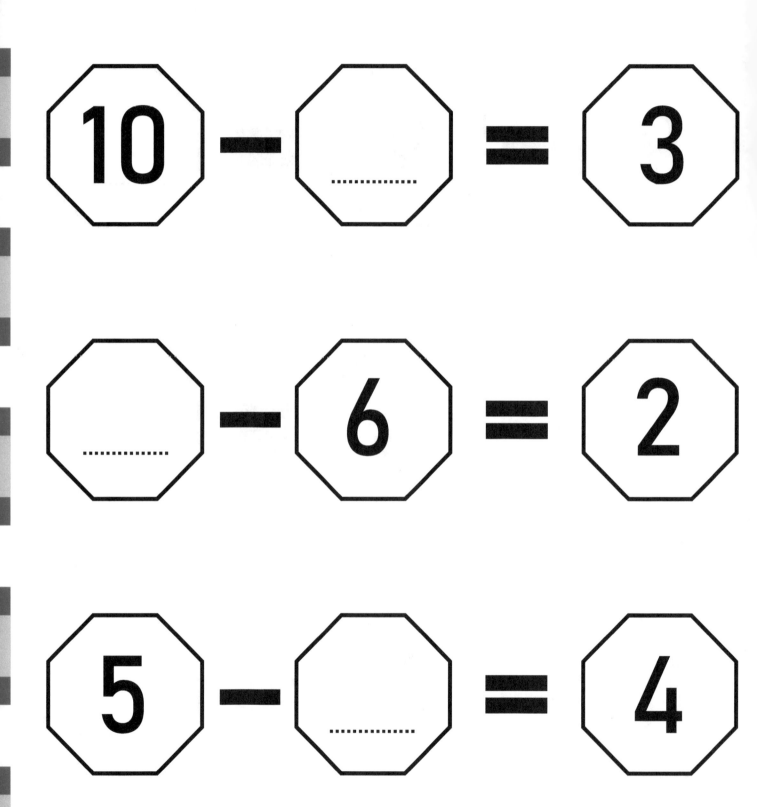

$10 - \text{............} = 3$

$\text{............} - 6 = 2$

$5 - \text{............} = 4$

Sustracción 0 - 10

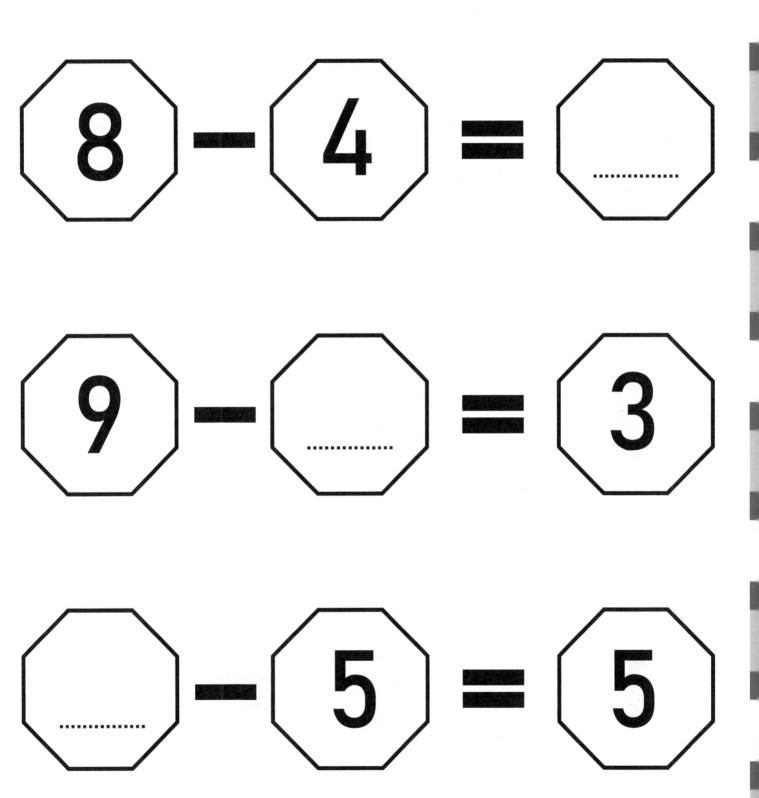

8 − 4 = ...

9 − .... = 3

.... − 5 = 5

¿Sumar o Restar?

10 .... 2 = 8

7 .... 3 = 4

1 .... 6 = 7

$5 \ldots 5 = 10$

$9 \ldots 8 = 1$

$4 \ldots 4 = 0$

Adición 0 - 10

$4 + 4 + 1 = $ ....

$3 + 6 + 1 = $ ....

$2 + 5 + 3 = $ ....

$7 + 0 + 2 = $ ....

Adición 0 - 10

$6 + 2 + \underline{} = 9$

$1 + \underline{} + 4 = 8$

$0 + 5 + \underline{} = 7$

$\underline{} + 3 + 3 = 10$

Mayor que o Menor que

5 + 3		2 + 4
1 + 2		3 + 3
4 + 4		5 + 4
9 + 1		4 + 6
8 + 1		3 + 5

Mayor que o Menor que

| 4 – 2 |  | 9 – 4 |

| 5 – 1 | | 8 – 7 |

| 10 – 5 | | 6 – 2 |

| 6 – 6 | | 9 – 5 |

| 6 – 4 | | 7 – 3 |

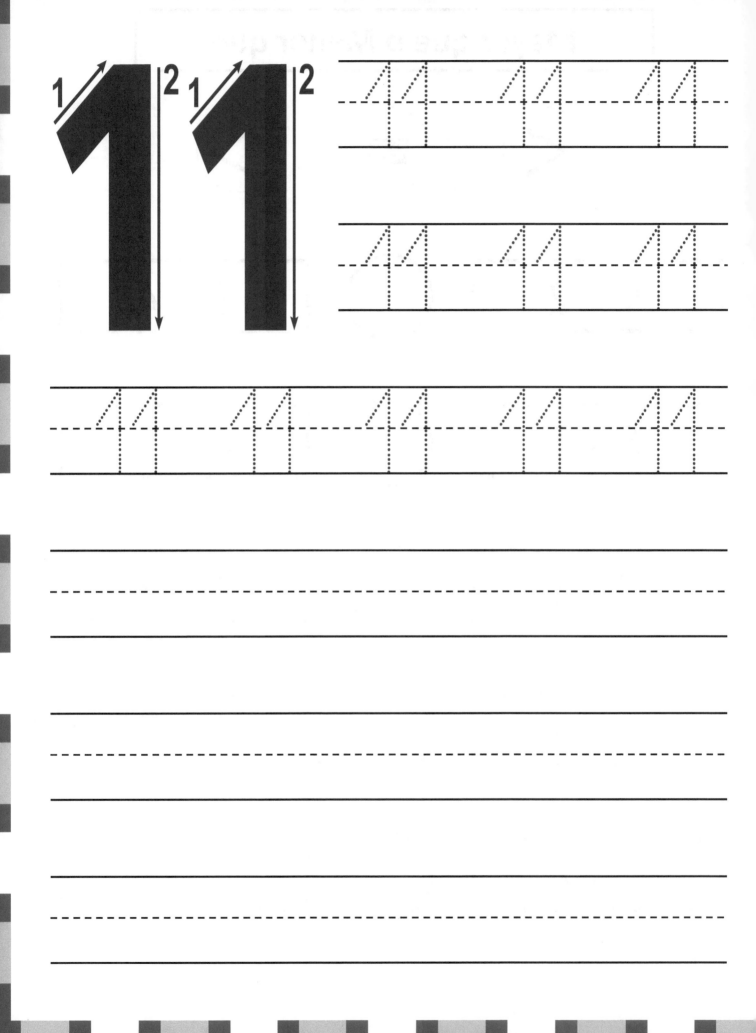

once once once

o   o   o

1 **2**

12 12 12

12 12 12

12 12 12 12 12

doce

doce doce doce

d d d

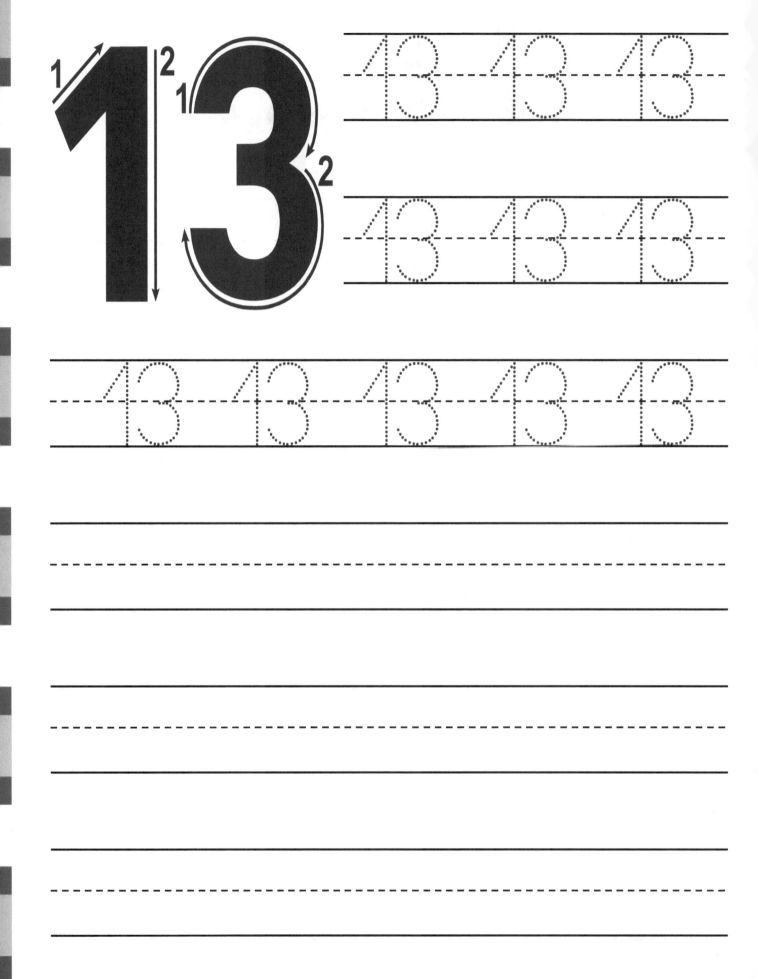

trece

trece   trece

t   t

catorce

catorce catorce

c   c

15

1 1
2 2
3

15 15 15

15 15 15

15 15 15 15 15

quince

quince   quince

q   q

16

16 16 16

16 16 16

16 16 16 16 16

dieciséis

dieciséis dieciséis

d   d

diecisiete

diecisiete diecisiete

d   d

1 **8**

18 18 18

18 18 18

18 18 18 18 18

dieciocho

dieciocho   dieciocho

d   d

19

19 19 19

19 19 19

19 19 19 19 19

diecinueve

diecinueve diecinueve

d   d

20

20 20 20

20 20 20

20 20 20 20 20

veinte

veinte   veinte

v   v

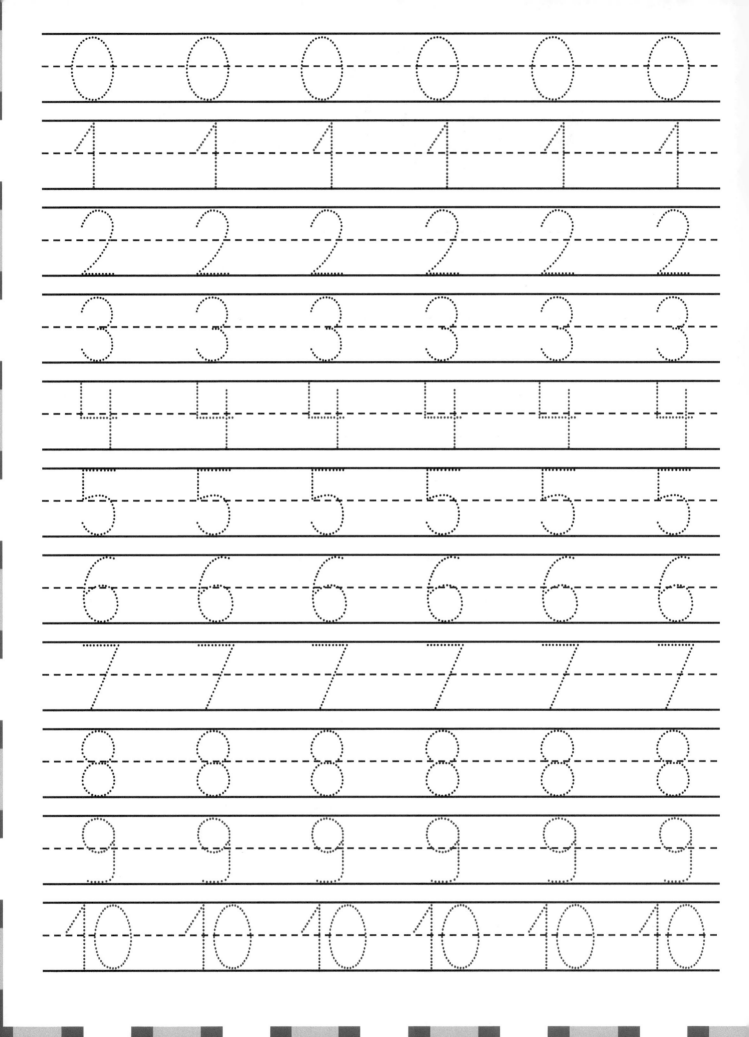

11 11 11 11 11

12 12 12 12 12

13 13 13 13 13

14 14 14 14 14

15 15 15 15 15

16 16 16 16 16

17 17 17 17 17

18 18 18 18 18

19 19 19 19 19

20 20 20 20 20

COMPLETE A SEQUÊNCIA

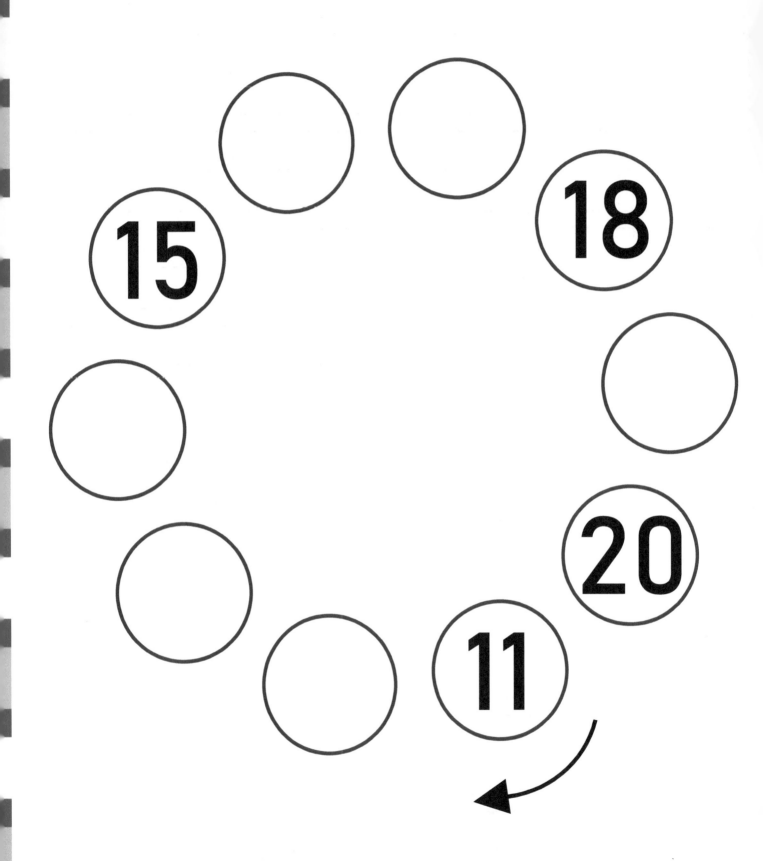

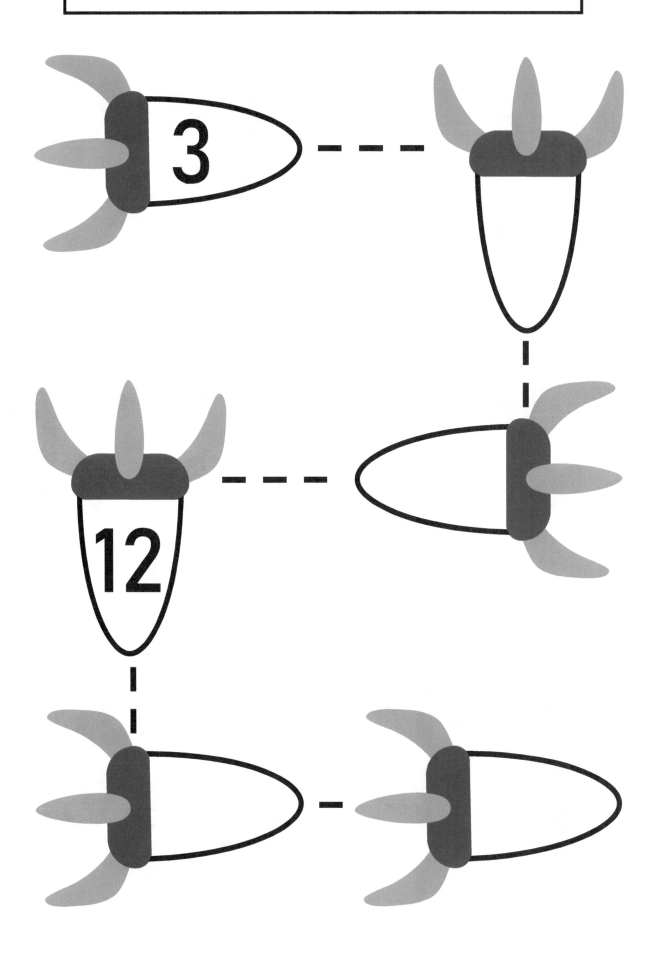

Cuenta los objetos

Cuenta los objetos

Adición (15)

6 + ...
=
15

12 + ...
=
15

8 + ...
=
15

.... + 14
=
15

Adición (20)

[............] + **15**

= **20**

3 + [............]

= **20**

[............] + **6**

= **20**

[............] + **11**

= **20**

Adición 0 - 20

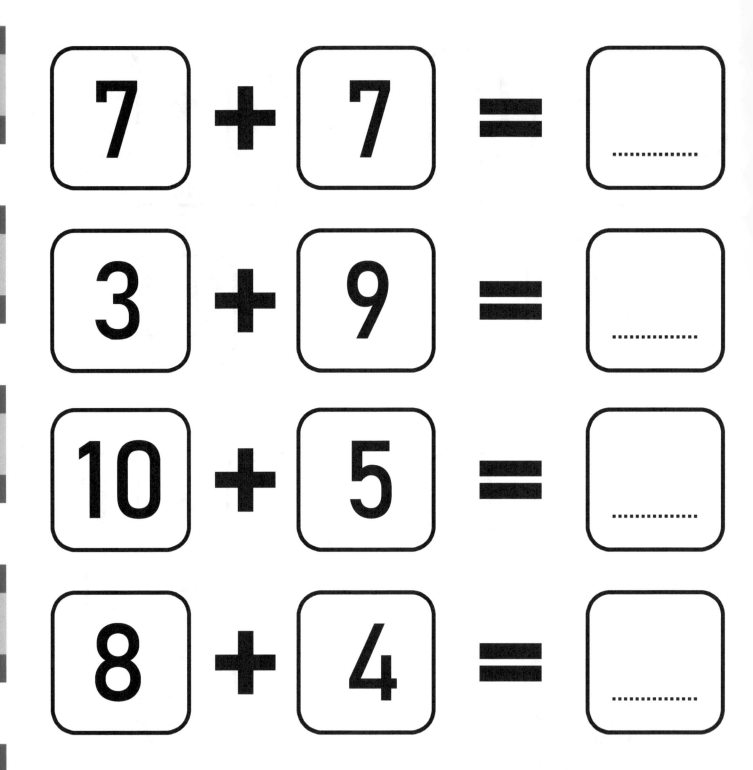

7 + 7 = ...

3 + 9 = ...

10 + 5 = ...

8 + 4 = ...

Adición 0 - 20

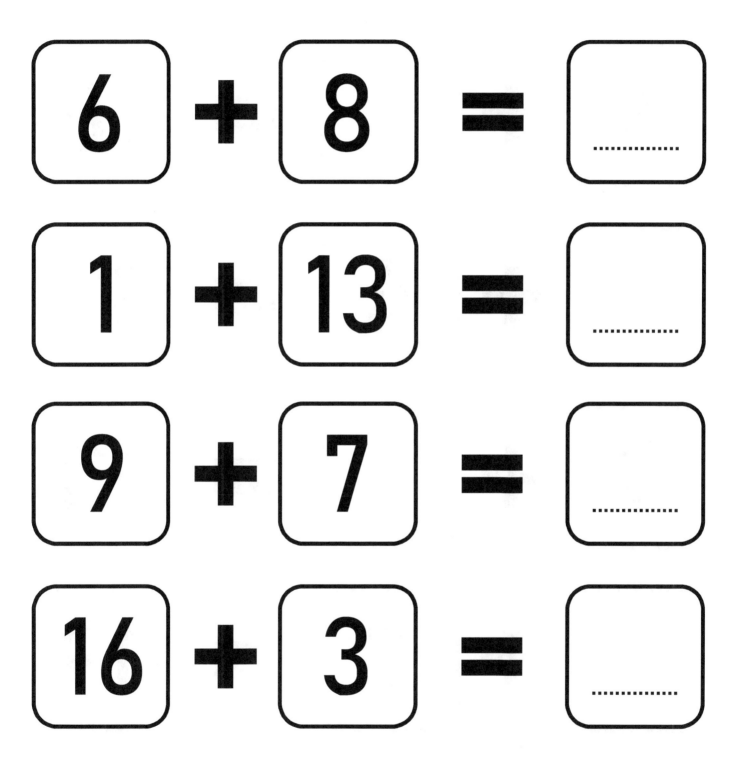

6 + 8 = ...

1 + 13 = ...

9 + 7 = ...

16 + 3 = ...

Adición 0 - 20

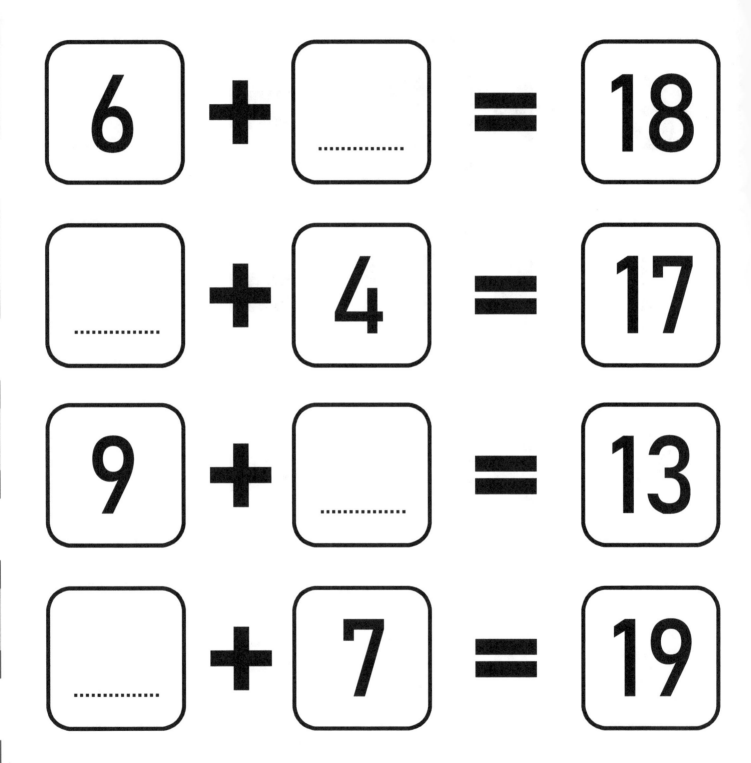

6 + ... = 18

.... + 4 = 17

9 + ... = 13

.... + 7 = 19

Adición 0 - 20

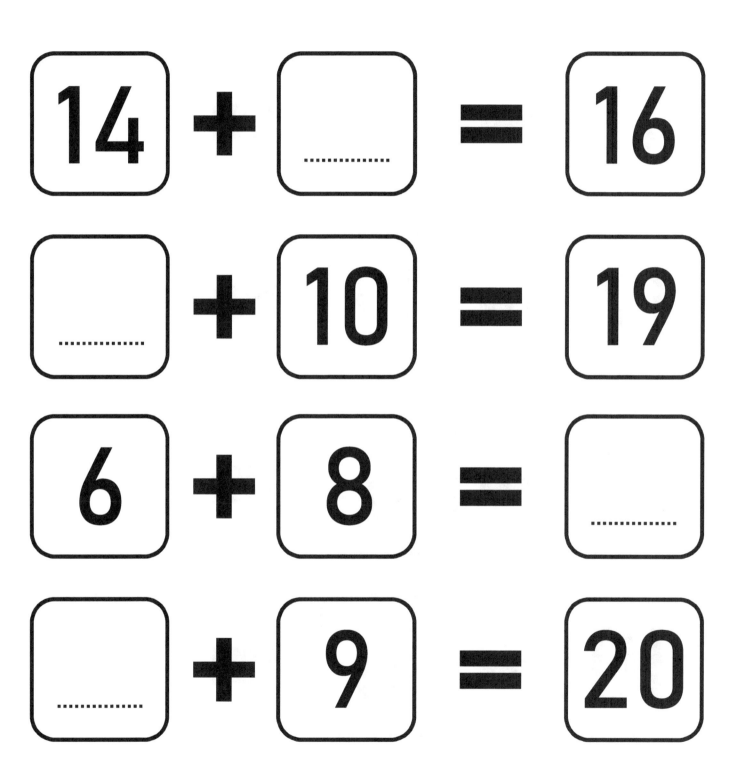

14 + ... = 16

.... + 10 = 19

6 + 8 = ...

.... + 9 = 20

Sustracción 0 - 20

$11 - 5 =$ ....

$12 - 12 =$ ....

$19 - 6 =$ ....

$10 - 4 =$ ....

Sustracción 0 - 20

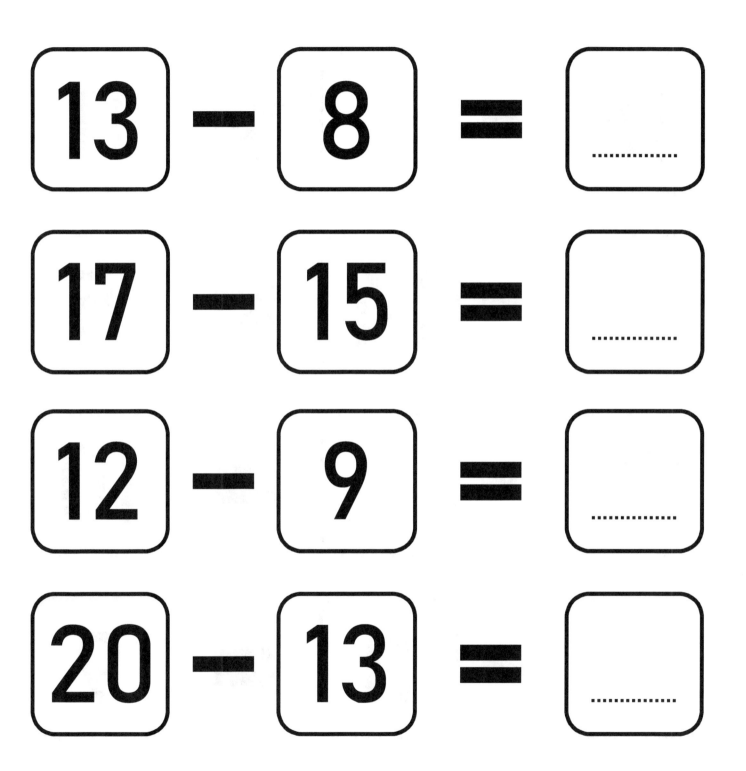

13 − 8 = ...

17 − 15 = ...

12 − 9 = ...

20 − 13 = ...

Sustracción 0 - 20

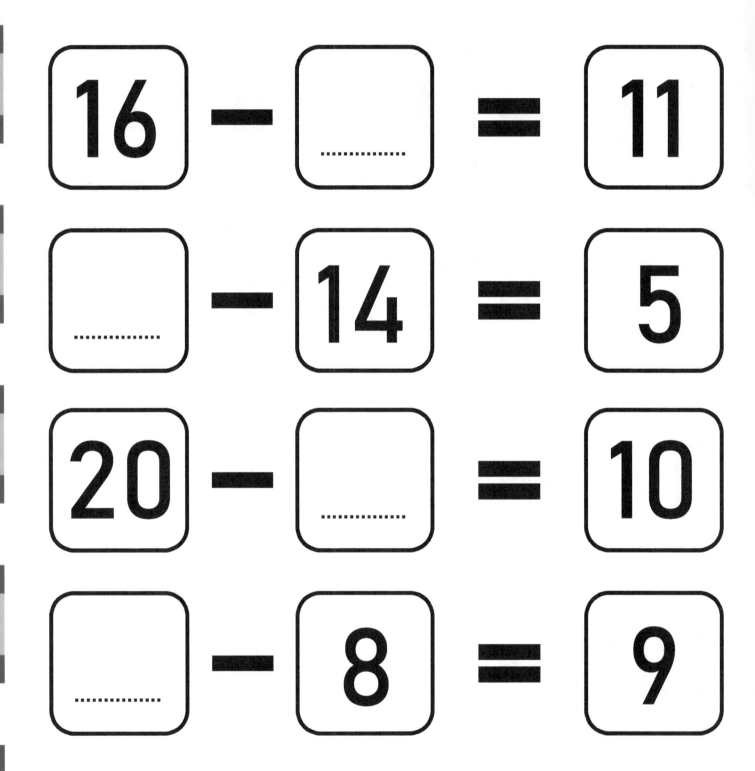

16 − .... = 11

.... − 14 = 5

20 − .... = 10

.... − 8 = 9

Sustracción 0 - 20

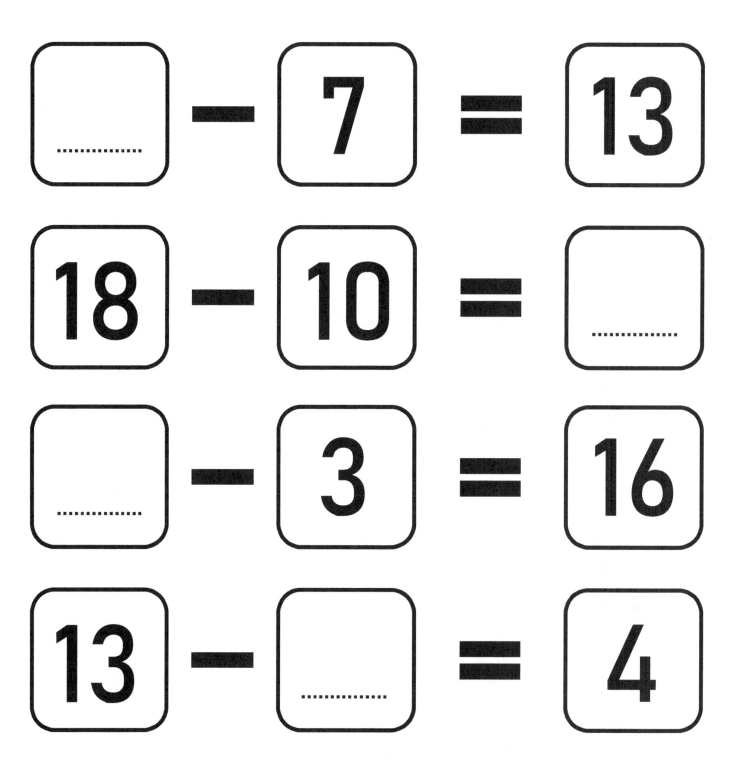

.... − 7 = 13

18 − 10 = ...

.... − 3 = 16

13 − .... = 4

Mayor que o Menor que

14 + 2		8 + 5

6 + 6		10 + 2

7 + 9		3 + 11

16 + 3		5 + 7

6 + 10		13 + 4

Mayor que o Menor que

8 + 12	◯	6 + 14
5 + 9	◯	12 + 3
9 + 9	◯	13 + 5
11 + 4	◯	7 + 9
8 + 7	◯	12 + 4

CUENTA DE 10 EN 10

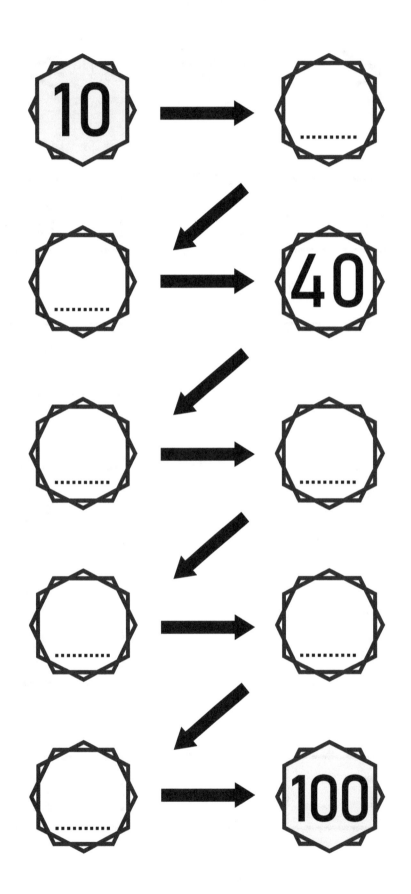

CUENTA DE 5 EN 5

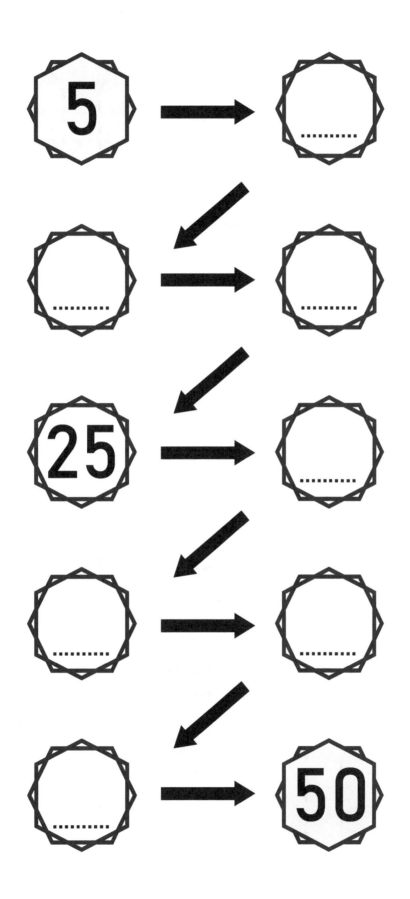

Adición

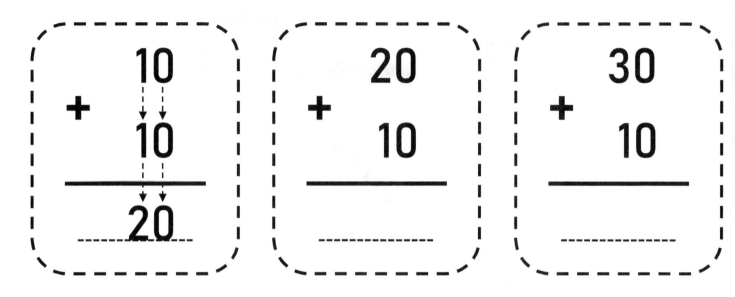

+ 10	
10	
20	

20
+ 10
_____

30
+ 10
_____

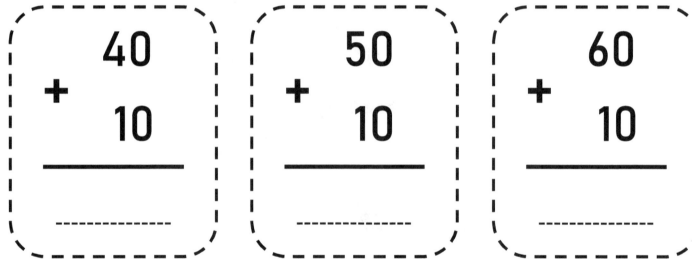

40
+ 10
_____

50
+ 10
_____

60
+ 10
_____

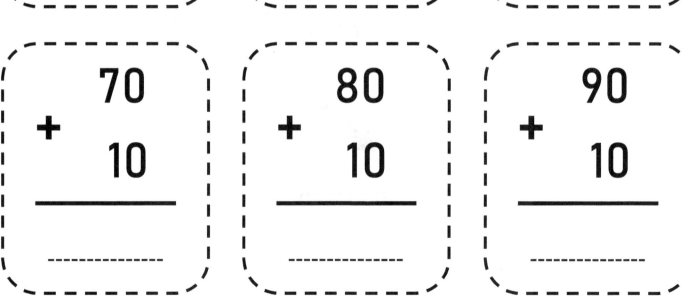

70
+ 10
_____

80
+ 10
_____

90
+ 10
_____

Adición

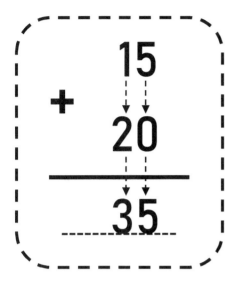

$$15 + 20 = 35$$

$$14 + 14$$

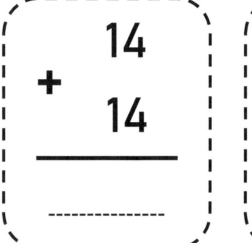

$$13 + 12$$

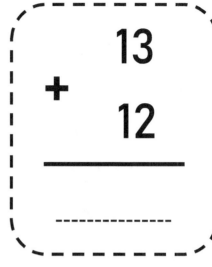

$$18 + 21$$

$$11 + 31$$

$$12 + 16$$

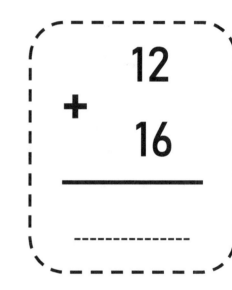

$$98 + 1$$

$$73 + 5$$

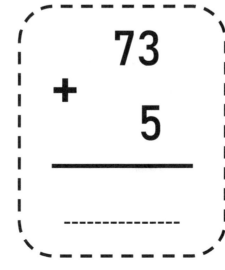

$$25 + 32$$

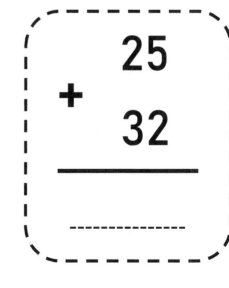

Adición

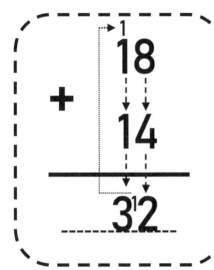

$$
\begin{array}{r}
18 \\
+\ 14 \\
\hline
32
\end{array}
$$

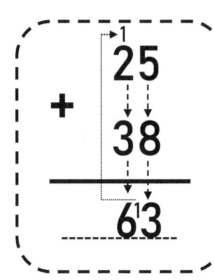

$$
\begin{array}{r}
25 \\
+\ 38 \\
\hline
63
\end{array}
$$

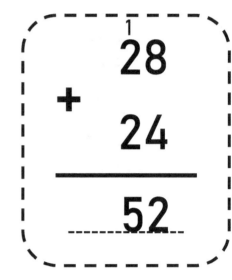

$$
\begin{array}{r}
28 \\
+\ 24 \\
\hline
52
\end{array}
$$

$$
\begin{array}{r}
56 \\
+\ 8 \\
\hline
\end{array}
$$

$$
\begin{array}{r}
29 \\
+\ 42 \\
\hline
\end{array}
$$

$$
\begin{array}{r}
13 \\
+\ 17 \\
\hline
\end{array}
$$

$$
\begin{array}{r}
27 \\
+\ 7 \\
\hline
\end{array}
$$

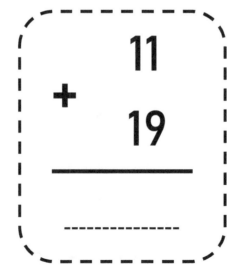

$$
\begin{array}{r}
11 \\
+\ 19 \\
\hline
\end{array}
$$

$$
\begin{array}{r}
49 \\
+\ 12 \\
\hline
\end{array}
$$

Adición

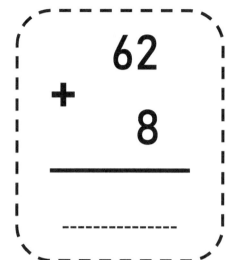

```
  62
+  8
―――――
```

```
  22
+ 54
―――――
```

```
  17
+ 33
―――――
```

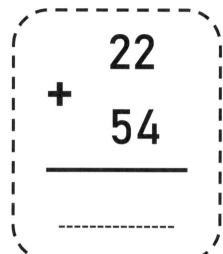

```
  44
+ 44
―――――
```

```
  25
+ 25
―――――
```

```
  20
+ 35
―――――
```

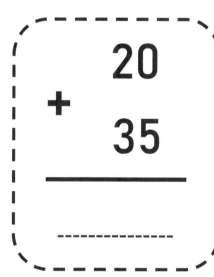

```
  86
+  5
―――――
```

```
  67
+ 24
―――――
```

```
  18
+ 38
―――――
```

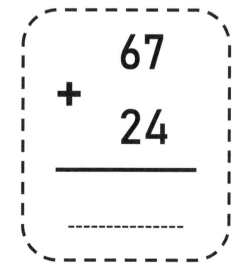

Sustracción

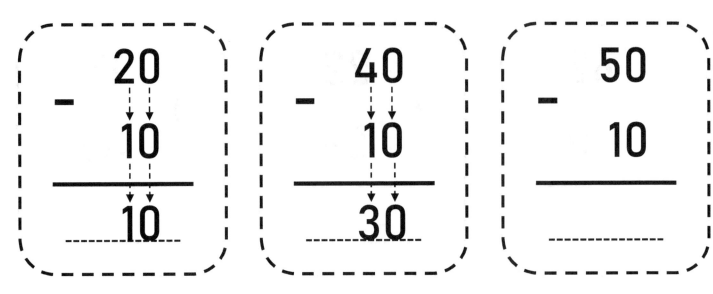

$$20 - 10 = 10$$

$$40 - 10 = 30$$

$$50 - 10 = \underline{}$$

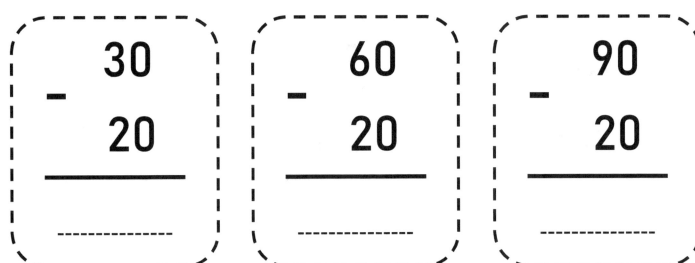

$$30 - 20 = \underline{}$$

$$60 - 20 = \underline{}$$

$$90 - 20 = \underline{}$$

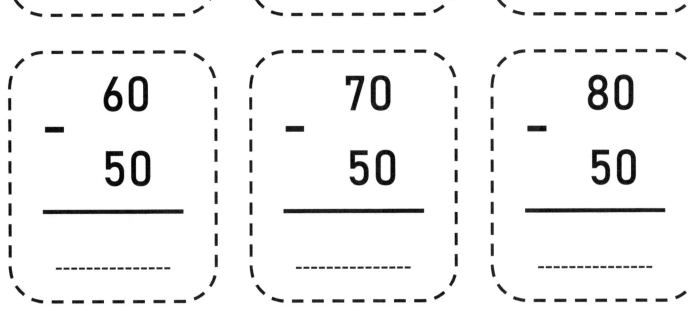

$$60 - 50 = \underline{}$$

$$70 - 50 = \underline{}$$

$$80 - 50 = \underline{}$$

Sustracción

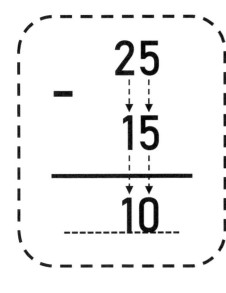

$$25 - 15 = 10$$

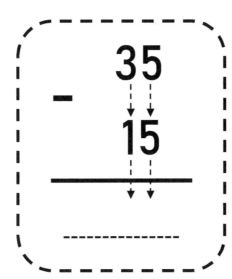

$$35 - 15 =$$

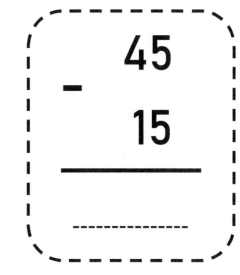

$$45 - 15 =$$

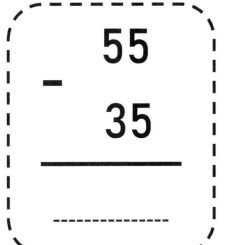

$$55 - 35 =$$

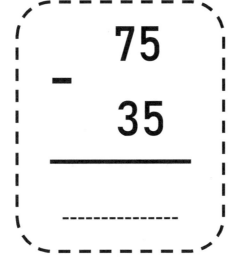

$$75 - 35 =$$

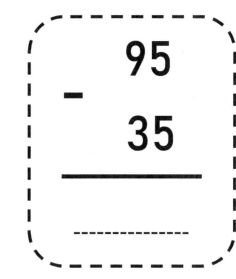

$$95 - 35 =$$

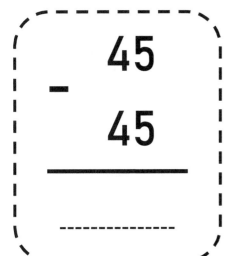

$$45 - 45 =$$

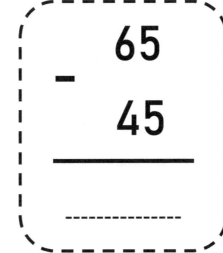

$$65 - 45 =$$

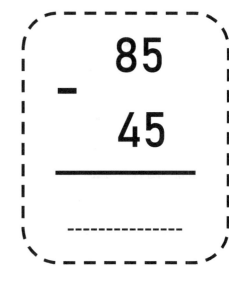

$$85 - 45 =$$

Sustracción

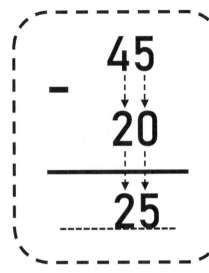

$$
\begin{array}{r}
45 \\
- 20 \\
\hline
25 \\
\end{array}
$$

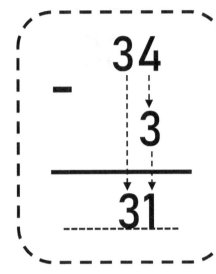

$$
\begin{array}{r}
34 \\
- 3 \\
\hline
31 \\
\end{array}
$$

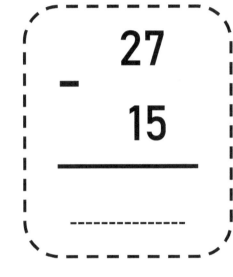

$$
\begin{array}{r}
27 \\
- 15 \\
\hline

\end{array}
$$

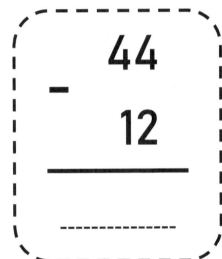

$$
\begin{array}{r}
44 \\
- 12 \\
\hline

\end{array}
$$

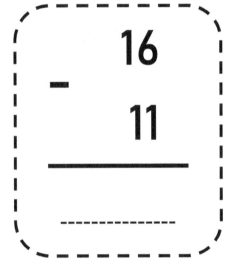

$$
\begin{array}{r}
16 \\
- 11 \\
\hline

\end{array}
$$

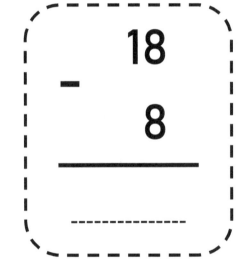

$$
\begin{array}{r}
18 \\
- 8 \\
\hline

\end{array}
$$

$$
\begin{array}{r}
83 \\
- 3 \\
\hline

\end{array}
$$

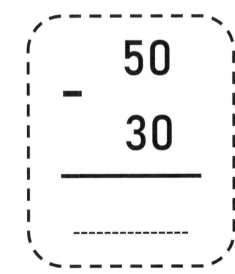

$$
\begin{array}{r}
50 \\
- 30 \\
\hline

\end{array}
$$

$$
\begin{array}{r}
15 \\
- 15 \\
\hline

\end{array}
$$

Sustracción

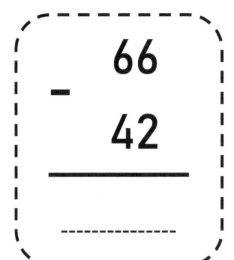

$$\begin{array}{r} 66 \\ -\ 42 \\ \hline \end{array}$$

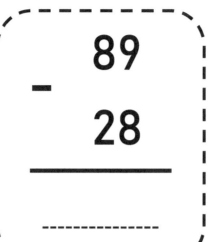

$$\begin{array}{r} 89 \\ -\ 28 \\ \hline \end{array}$$

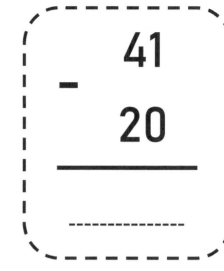

$$\begin{array}{r} 41 \\ -\ 20 \\ \hline \end{array}$$

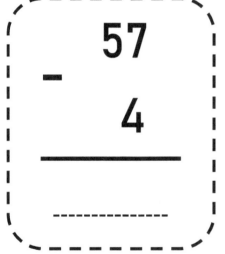

$$\begin{array}{r} 57 \\ -\ 4 \\ \hline \end{array}$$

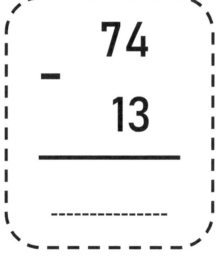

$$\begin{array}{r} 74 \\ -\ 13 \\ \hline \end{array}$$

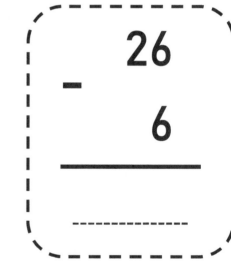

$$\begin{array}{r} 26 \\ -\ 6 \\ \hline \end{array}$$

$$\begin{array}{r} 25 \\ -\ 20 \\ \hline \end{array}$$

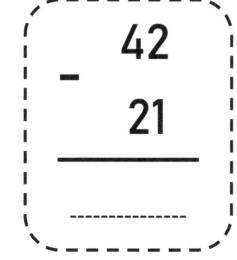

$$\begin{array}{r} 42 \\ -\ 21 \\ \hline \end{array}$$

$$\begin{array}{r} 92 \\ -\ 82 \\ \hline \end{array}$$

Sustracción

¿QUÉ HORA ES?

Horas   Minutos

Dibuja las agujas

3 : 00

11 : 00

8 : 00

6 : 00

¿QUÉ HORA ES?

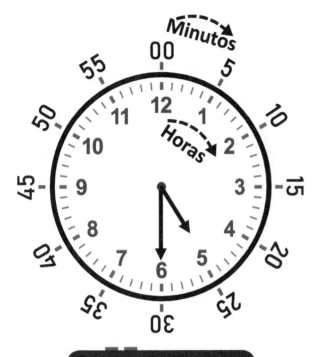

5 : 30

Horas   Minutos

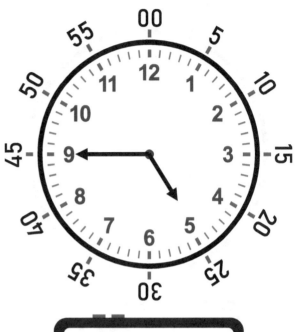

5 : _____

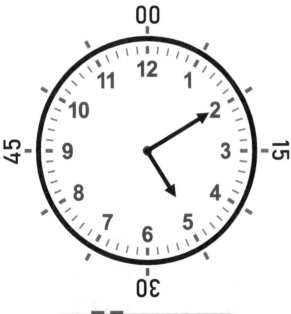

5 : _____

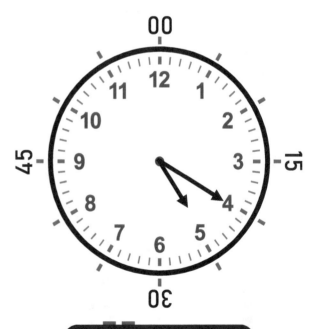

5 : _____

Dibuja las agujas

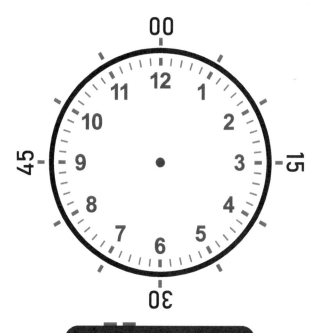

7 : 45

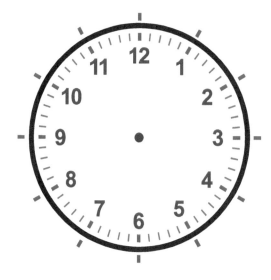

8 : 15

4 : 00

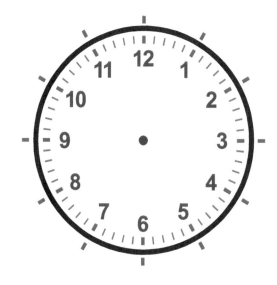

2 : 30

Dibuja las agujas

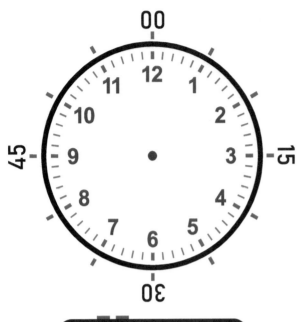

3 : 25

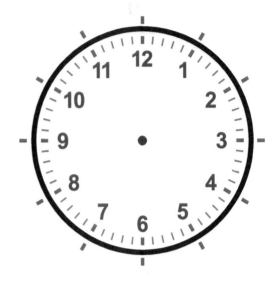

10 : 35

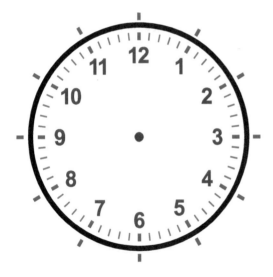

1 : 40

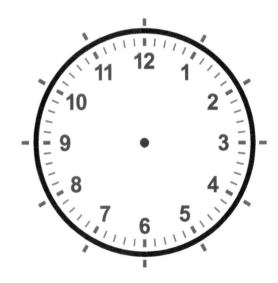

12 : 30

Dibuja las agujas

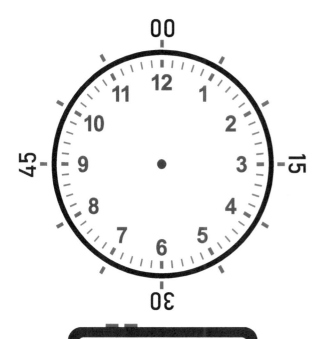

11:25

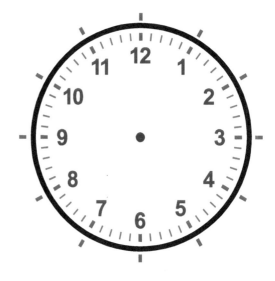

6:00

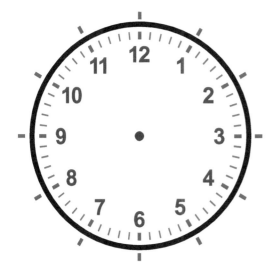

7:55

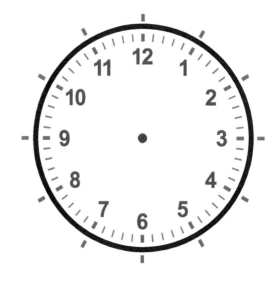

9:05

Gracias ,

Si has disfrutado de este libro por favor

considera dejar una reseña honesta en Amazon